56993410R00062

Made in the USA
Middletown, DE
26 July 2019